小供風俗　子とり姥（宮川春汀　城西国際大学水田美術館所蔵）
明治時代、鬼ごっこの「子とろ子とろ」は女の子たちの遊びとして楽しまれていました。「子とり姥」の姥は鬼として扱われることもある「山姥」からきています。

子をとろのしかへし（歌川広重『子供あそび錦絵集』 早稲田大学図書館所蔵）

江戸時代末期、「子とろ子とろ」は子どもたちに人気のある鬼ごっこでした。当時の倒幕派と会津藩の戦いを、子どもたちはチーム対戦型にして遊んでいました。

スクール鬼ごっこ

めざせ！鬼ごっこ博士

一般社団法人
鬼ごっこ協会【著】

いかだ社

はじめに

　「この指とまれ」「タンマ」「もういいかい　まあだだよ」「だるまさんがころんだ」そして「ガキ大将」「腕白小僧」「おてんば娘」、こんな言葉が子どもたちの周りにはいつも登場していました。学校から帰ればランドセルをほっぽり投げてお母さんの「勉強しなさい」「どこ行くの」との叫び声を遠くに聞きながら家々から飛び出しました。雑草が所々に生えて、デコボコしている小さな広場に集まり、汗びっしょり、泥だらけになりながら、時にはスリ傷切り傷、けんかもしながら日の暮れるまで遊んでいました。
　最も人気のあった遊びが鬼ごっこでした。かけっこの鬼ごっこだけでなく、かくれんぼや缶けりでは秘密の隠れ場所を探して町内をうろうろしながら、町を知り、近所のおばさん、おじさんと仲よくなり、知恵を出し合いながら楽しみました。
　こうした遊ぶ風景を大人たちは暖かく見守ってくれていました。
　時代は移り、遊びそのものが変わってきています。日常的な遊びの中に電子ゲームが取り入れられ、今まで味わったことのない夢の世界で自由に遊んでいます。自分ではできないことも可能にしてくれる「仮想空間」は自分にとって最も居心地のよい居場所で、究極の秘密基地になっています。でも、こうした環境はコミュニケーションがうまくとれなかったり、社会性が身につかないなどの問題点が指摘されています。新しい電子の遊びと昔からの伝承的な遊びをバランスよく楽しむことができれば、きっと素晴らしいものになるのではないでしょうか。

目次

はじめに …………………………………………… 4

子どもと遊び ……………………………………… 7
遊びって何だろう ………………………………… 9
外国人から見た日本の子どもたちと遊び ……… 10
昔の子どもたちの遊ぶ風景 ……………………… 12
有名人の遊びの思い出 …………………………… 14
こんな遊び知ってる？ …………………………… 17
鬼ごっこの歴史と文化を知ろう ………………… 20
鬼ごっこの約束事 ………………………………… 31
江戸時代の鬼ごっこ ……………………………… 35
明治時代以降の鬼ごっこ ………………………… 38

【表紙図版】
上：かまやかまや（大田才次郎編・瀬田貞二解説『日本児童遊戯集』平凡社）
下：子とろ子とろ（喜田川守貞『守貞謾稿』国立国会図書館デジタルコレクション）

遊びをせんとや生れけむ
戯れせんとや生れけん
遊ぶ子供の声きけば
我が身さえこそ動がるれ
　　（『梁塵秘抄』）

遊びとは内なる自由な表現であり
秘められた自然の生命の原型である
　　（フリードリヒ・フレーベル）

子どもたちは遊びを通して自立するように教えられる。
そのやり方には感心させられる。
　　（イサベラ・バード）

子どもと遊び

子どもたちにとって遊びはかけがえのないものです。遊びは豊かな好奇心を満たしてくれ、その体験と学びは心と体の成長に大きな役割を果たしています。昔から子どもたちは元気に遊び、その姿を大人たちも暖かく見守ってきました。

子どもは遊ぶために生まれた

平安時代末期、大きな力を持っていた平清盛が亡くなり、源氏の力が強くなってきた頃の歌謡集にこんな歌がありました。

> 遊びをせんとや生れけむ、戯れせんとや生れけん、遊ぶ子供の声きけば、我が身さえこそ動がるれ（『梁塵秘抄』）

ある若い女性が窓から外を見ていると子どもたちが歌い遊んでいる姿が見えました。きっと、追いかけっこや手をつないで口ずさみながら練り歩いたり、何がおもしろいのかひっくり返って笑っている姿もあったかもしれません。そうした姿を見て子どもは遊ぶために生まれてきているんだなと歌っています。

この他にも子どもと遊びについての歌があります。

舞へ舞へ蝸牛
舞はぬものならば
馬の子や牛の子に蹴させてん
踏み破らせてん
まことに美しく舞うたらば
華の園まで遊ばせん

無邪気に素朴にカタツムリと遊ぶ子どもの様子を歌ったもので、カタツムリを見ながら「舞ってください」と願っています。カタツムリは「マイマイツブリ」とも呼ばれ、この「マイマイ」は「舞う」からきていると言われています。

遊びは自由だ

幼稚園を世界に広め、積み木（恩物）の発案者としても有名なドイツの教育学者フレーベルはこんなことを言っています。

> 遊びとは内なる自由な表現であり、秘められた自然の生命の原型である。

子どもは遊びを通して自然に自分を表現していくもので、遊びこそが子どもたちにとっては大切ということです。

言葉や知識がまだまだ十分でないので、自分を知ってもらうことがなかなかできません。でも、遊びにはワクワクさせるような魔法の力があって、夢中になっていると自分の持っている個性が自然と出てくるのです。

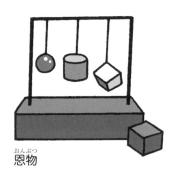

恩物

遊びながら学ぶ

イザベラ・バードは女性の旅行家、探検家です。明治時代に日本を訪問した時のことを旅行記録として残しています。江戸時代の名残がまだある明治10年頃の日本について、外国人の観察力で日本の子どもたちと遊びについて書いています。

> 子どもたちは遊びを通して自立するように教えられる。そのやり方には感心させられる。（『日本奥地紀行』）

母国イギリスと比較しながら女性の目線で感想を述べています。いろいろな遊びの規則を学ぶことが家庭教育の一部になっていて、遊びを通して子どもたちはしっかりと自立していました。日本の学校教育がまだ広がっていない頃、日常的な遊びの中で様々なことを学びながら成長していたのです。

遊びって何だろう

遊びが身近な時はほとんど気がつかないものですが、遊ぶ機会が少なくなったとか、遊ぶ場所がなくなってきたとか、遊び方が分からなくなってきたとか言われると、遊びって何なのだろうかとつい考えてしまいます。

 一人遊び

最初は「一人遊び」として、周りにいる子どもたちに影響されることなく動きまわり、話しかけたり、近づいたりしないで一人で遊んでいます。

 並行遊び

子どもたちが好きで誰もが一度は遊んだ経験がある砂場をちょっとのぞいてみましょう。砂場の中で、「砂、おもちゃのスコップやバケツ」といった同じような材料や道具で遊んでいても、他の子どもと一緒に何かをすることはありません。このような遊び方を「並行遊び」と言います。

 連合遊びと協同遊び

連合遊びは道具などを共有して一緒に遊びますが、自分のやりたいことを他の子どもたちにやらせようとはしません。

協同遊びになるとみんなの共通した目的のために役割や仕事をちゃんと分担して、励まし合ったり、喧嘩したりしながら目的を達成していこうとします。

小学生の頃にはすでに協同遊びまでの様々な遊びを経験します。特に、協同遊びではルールやマナーをいろいろな機会に学んで社会性が身につきます。

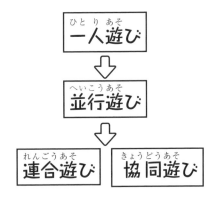

外国人から見た日本の子どもたちと遊び

織田信長や豊臣秀吉の戦国時代、徳川家康の江戸時代に、外国からたくさんの人たちが日本にやってきています。外国人の目に、日本の家族や子どもたちはどのように映ったのでしょうか。

「子どもたちは私たちの学問や規律を学び、ヨーロッパの子どもたちよりはるかに簡単に短期間で言葉や読み書きを覚えてしまう。ヨーロッパ人に見られる乱暴で無能力と言うことがない」(『日本巡察記』)

「7、8、9歳以下の子どもたちは学校に行かない。この年齢で就学してはいけないという理由で学校友だちではなく遊び友だちが集まって学んでいる。彼らは野性的にまた元気いっぱいになる」(『日本大王国志』)

私はアレサンドロ・ヴァリニャーノと言います。1539年にナポリ王国で生まれました。1579年に初めて日本に来ました。織田信長からも歓迎されました。3回目に来たときは天下分け目の関ヶ原の合戦の頃でした。

私はフランソワ・カロンと言います。1619年に料理方の手伝いとして船に乗り込み長崎の平戸に到着しました。日本女性と結婚して20年も日本に住みました。

「注目すべきことに、この国では子どもをむち打つことはほとんどない。子どもに対する禁止や不平の言葉はめったに聞かれないし、家庭でも船でも子どもを打つ、叩く、殴るといったことはほとんどなかった」(『江戸参府随行記』)

私の名前はカール・ペーテル・ツュンベリーと言います。1775年、オランダ船の主治医として長崎に来航しました。

「私は子どもと親の愛こそは日本人の素晴らしさと考えています。両親がすべてを子どもたちに任せてしまう年齢にいたるまで、思いやりを持ち続けているのです。そして、子どもたちはそのお返しのように親孝行をするのです」(『日本風俗備考』)

「子どもたちが木の下駄を履いていて、おまけに多くは赤ん坊を背中にしょわされているのに、素早く動き回るのは驚くべきほどである……日本の子どもたちは自由だが、それにおぼれていることはない。両親を愛し、高齢者を尊敬しています」(『日本その日その日』)

私はフィッセル, JF.と言います。江戸時代の後期の1820年に日本にやってきました。10年近くオランダ商館員として滞在しました。結婚している女性が歯を黒く塗っているのには驚きました。

私の名前はE.S.モース、1838年にアメリカで生まれた動物学者です。明治時代にやってきて日本にダーウィンの進化論を体系的に紹介したのは実は私なのです。

「日本では大きくなった子どもが身体も年も小さい子どもとほとんど同じ遊びに一緒になって熱中しています……子どもの遊びの特徴と親が遊びをすすめていることは子どもたちに素直、愛情、従順さがそなわっていることに関係があるのではないだろうか」(『明治日本体験記』)

私はウィリアム・エリオット・グリフィスと言います。1871年に日本にやってきました。大きな子が小さい子の面倒を見ながら一緒に遊んでいましたよ。

昔の子どもたちの遊ぶ風景

学校がなかった時代には寺子屋に集まり、読み書きを学びながら、にらめっこや取っ組み合いのけんかのようなふざけ合いをしたり、顔に墨を塗りつけたり、庭ではちょっとした鬼ごっこや竹馬などで遊んでいました。

遊びは宝物

子どもたちにとって遊びは大切なものです。元気に遊ぶ姿は豊かさの象徴と言えます。

日本で遊びと言ってまず思い出されるのが平安時代に描かれたという『鳥獣戯画』です。動物を人間のように扱っていて、カエルとウサギが相撲をとって、見ているカエルたちも大声で笑っている様子が描かれています。あるいは、サルを追いかけているウサギやカエルは泥棒サルを追いかけていると言われていますが、鬼ごっこをしているようにも見えます。平安時代にはすでに遊びは生活の中で楽しまれていたのです。

江戸時代には上方を中心に寺子屋ができ、読み書き、そろばんを町人に教えていました。この寺子屋は全国的に広がりを見せ、大小合わせると1万6000軒を超え、農村などでも開かれるようになりました。現代の学校のようにきちっとしたものではなく、自由な学びの場となっていました。

たとえば、寺子屋に定期的に来ることができない子ども（寺子）は自宅練習をして、その結果を時々持ってきて師匠（先生）に見てもらっていた「通い弟子」、師匠がわざわざ寺子の家に行って教えていた出稽古、遠くに引っ越してしまった場合は飛脚（郵便）を使ってやりとりをする現代の通信教育のようなものなど、

鳥獣人物戯画（栂尾山 高山寺所蔵）

一人ひとりに対応した温もりのあるものでもありました。お金の払えない貧しい子どもは隠れて話を聞いていたようなこともあったようです。

　自主的に手習い事を学ぶ場所であったので、時間があれば部屋の中や庭で好きな遊びをして楽しんでいました。学びと遊びを通して子どもたちは成長したのです。

　それでは世界の子どもたちはどうだったのでしょうか。

　ネーデルランドの画家ピーテル・ブリューゲルの「子供の遊戯」には16世紀のヨーロッパ、フランドルの子どもたちが遊んでいる様子が描かれています。246人の子どもたちが91種類の遊びを町のいたる所で楽しんでいます。

　椅子に座る子とひもを持つ子が組になり、椅子の子をひもの子が他の子どもたちから守るという、一種の鬼ごっことも言える遊びをしています。「王様の退位ごっこ」と呼ばれていました。その後ろの方では前の子の服をつかみ列になって練り歩いています。日本では女の子の遊びとしてよく行なわれていた「おんごく」「芋虫ころころ」に似ています。

寺子の悪態（往来物倶楽部所蔵）

子供の遊戯
（ブリューゲル　美術史美術館所蔵）

有名人の遊びの思い出

国や人々に大きな影響を与えた有名人たちも、子どもの頃は同じだったのだなと思うと、ほっとさせられます。自伝や日記などから、彼らがどんな子ども時代を過ごしたのかをひもといてみましょう。

新島襄（1843年生まれ）は日本の教育界をリードした一人です。アメリカを中心にヨーロッパにも渡航し、海外の知識を積み重ね、現在の同志社大学を設立し、大学教育の先駆者となりました。彼は自分の子ども時代（江戸時代）の思い出を自伝の中で次のように語っています。

「私は一般に子供達がそうであるように、はしゃいで遊びまわるのが好きだった。こま廻し、輪回し、たこ上げが大好きだった。特に私はたこ上げが大好きで、たこを上げに行くと、食事の時間に家へ帰るのをよく忘れ、母を大変に困らせた。そのため、父はこれ以上たこを買わないと言いだした」（『私の若き日々』）

食べることを忘れるほど夢中になって遊んでいた子どもらしい子どもだったことがわかります。凧を買ってもらえなくなったのですが、あきらめることなく材料を手に入れ、凧を自分で作ったのです。

明治時代の中頃の遊びについて、哲学者で後に文化勲章を受章した和辻哲郎は自分の村での遊びを楽しそうに話しています。

江戸時代から続いているものとして「芋虫ころころ」「子とろ子とろ」「ここはどこの細道」という遊びがあったと書いていて、さらに「懐かしく思い出されるのは根ッ木である。一尺か一尺五寸くらいの長さの棒切れの、細い方の先を尖がらせて、土の中へ打ち込めるように

輪回し（箍廻し）

（『日本児童遊戯集』）

芋虫ころころ

（『吾妻余波』）

したものである」と続けています(『自叙伝の試み』)。

ここに出てくる「芋虫ころころ」「子とろ子とろ」はすでに明治以前からあって、同じように列をつくって遊ぶものでした。人数が必要で、近所の子どもたちが集まって仲よくしていた光景が目に浮かびます。「根ッ木」は最近では見なくなってしまった「釘刺し」の原型とも言えるもので、釘がかんたんに手に入らなかった時代に竹や棒っ切れの片側を削って尖らせ、それを地面に刺して遊んでいた男の子の遊びでした。

民俗学者の宮本常一は、明治末期から大正期の子どもたちの遊びについて次のように書いています。

「男の子は鬼ごとが多くなる。新しい遊びであろうと思われるものに軍艦水雷というのがある。陣取りも鬼ごとの進んだものである。この陣取りのさらに組織化されたものがドンごり合戦である。子供の遊びがほとんど石合戦で、時に血みどろになって帰ってくることがあっても親は文句を言わなかったそうである。鬼あそびの中には捉まえるものの外に見出すものがある。草履かくしやカクレゴがこれである」(『家郷の訓』)

「鬼ごっこ」が男の子の間でよく遊ばれていたことがわかります。ここに出てくる「軍艦水雷」もまた役割のある鬼ごっこです。「水雷艦長」などいろいろな呼び名がありますが、基本的には三すくみの鬼ごっこです。捉まらないように捉まえることと、それぞれの大将格である「艦長」を守るという戦略性のあるものです。第二次世界大戦後間もない頃まで男の子の遊びとして盛んに行なわれました。

男の子と女の子の遊びが分かれていたことに不満を感じている元気な女の子もいて、次のようなことを言っていました。

「夏になると近所の男の子たちは、長いモチ竿を持って神社へ蝉とりに出かけるのですが、そういう遊びは許されず、女の子の遊びといえば、まりつき、お手

軍艦水雷

玉、おはじき、竹返し、ごみ隠しというような種類のものに限られていました。男の子と女の子の遊びは、屋内でも戸外でもハッキリと区別されていました」
（平塚らいてう『わたくしの歩いた道』）

「竹返し」という遊びは江戸時代からあった古い遊びで明治期まで楽しまれていたようです。長さ20cm、幅1cmのなめらかに削った割り竹を10本使う細かい技術が必要な遊びです。竹を使ったお手玉に似たような形のものがあり、現在でも伝承されています。

宮本武蔵や三国志で有名な作家、吉川栄治は明治の遊びの種類について「メンコ、根ッ木、ブランコ、縄跳び、ラムネ

の玉遊び、コマ、凧、石蹴り、石鉄砲、竹馬、金輪廻し、吹き矢、当て物、隠れんぼ、かるた、十六ムサシ、といったような類のものである。種目は思い出せないほど多い」（『忘れ残りの記』）と書いています。道具を使った遊びが子どもたちに楽しまれていたのです。当時の駄菓子屋やおもちゃ屋との遊びのコラボがあったことが想像できます。夜遅くなるまでたくさんの遊びに夢中になっていた様子がわかりますが、近所のお医者さんは門の前で大きなほら貝を吹き鳴らして帰りを知らせ、それを聞いたメンコ友だちは顔色を変えて一目散に帰ったとも書いてあり、帰宅をうながす合図にほら貝が使われたことに驚きと楽しさを感じます。

こんな遊び知ってる？

昔の遊びの中には今では見られなくなったものやほとんど見なくなったものがあります。遊び方だけでなく、その名前がなくなっているものもあります。下の表を見て、知っている遊びがあるか、遊んだことがあるかをチェックしてみましょう。（答えは18・19ページ）

1	鞠受け			26	源氏合わせ	
2	雪転がし			27	なんこ	
3	お山の大将			28	てんてっとん	
4	雪ぶつけ			29	つばなつばな	
5	輪ころがし			30	釣り狐	
6	座り相撲			31	にんじんごぼう	
7	根ッ木			32	玉や吹き	
8	たくあん押し			33	お茶坊主	
9	針刺し			34	どんどん橋	
10	銀杏うち			35	蛍狩り	
11	菖蒲たたき			36	竹の子	
12	春駒			37	押しくらまんじゅう	
13	釜鬼			38	押しくらべ	
14	ちょんがくれ			39	棒くぐり	
15	面うち			40	石拾い	
16	杉ぶつけ			41	白ひげ明神	
17	頸引き			42	お殿様お先	
18	道中かご			43	ちょうまやる	
19	縄こぐり			44	ちんちんもがもが	
20	コウモリとり			45	わくはずし	
21	お馬			46	かごめかごめ	
22	向かいのおばさん			47	紙吹き	
23	お山のお山のおこんさん			48	繰言葉	
24	上がり下がり			49	松葉切	
25	竹返し			50	手拭引き	

【答え】
1　二組に分かれ、棒で鞠を打ち合い、打ち損じると攻めこまれる
2　雪が積もれば、雪を転がしながら大きくしていく
3　小さな山があれば、最初にのぼった者が「お山の大将」を宣言する
4　雪合戦のこと
5　樽の竹枠や鉄の輪を棒で回しながら走る
6　座った姿勢でしっかり組んで相撲をする
7　竹や棒を削って先を尖らせ、土に刺す
8　たくあんを押すように人の上から乗っかる
9　束ねた紙に糸を付けた針を刺し、糸を引っぱり紙を取る
10　銀杏をぶつけ合う
11　菖蒲を束ねて下に打ちつける
12　昔の竹馬、馬の顔の付いた棒を股に挟む
13　鬼ごっこ、円の中の下駄や草履を鬼に捕まらないように取る
14　かんたんなかくれんぼ
15　小さな土でできたお面子をビー玉落としのように落として当てる
16　杉の葉をぶつけ合う
17　向かい合って首にひもをかけて引き合う
18　頑丈な木にぶら下がった子を二人でかつぐ
19　縄とびのこと
20　夕方、こうもりが飛んでいるのを竹の棒でたたく
21　騎馬戦の格好をして歩きまわる
22　鬼ごっこ、家と家の間を行き来し、鬼が捕まえる
23　鬼、親、子の三人でする鬼ごっこ
24　大八車を使ったシーソーのようなもの
25　竹返し用の竹をお手玉のように使う

(『吾妻余波』)

26 かるた合わせに似たもの
27 手に持った石や貝殻の数を当てる
28 歌を歌いながら二人で手を合わせたりする手遊び
29 花を抜いて、着物で作った入れ物に入れる真似っこ遊び
30 ひもで輪を作り、お菓子などを引っかけて取る
31 二人が向かい合い手をつなぎ、協力して回転し背中合わせ、また元に戻る
32 シャボン玉のこと
33 目隠し鬼、目をつぶった鬼に誰かがお茶を持っていき、その人を当てる
34 細い板などの上を歌を歌いながら列を作って渡る
35 蛍をうちわなどで叩いて打ち落として捉まえる
36 連なって座り、鬼役の一人が一番後ろの人を抱えて引く、離れれば鬼の勝ち
37 横一列に並んで、両端から押し、列から出たものは端にいく
38 二人が相撲を取るように組み、決めてあったところまで押していった者が勝ち
39 1.5mほどの棒の両端を持ち、足から順に抜いていく
40 石を探して、自分の気に入った石を拾い、お互いに自慢をし合う
41 下唇を下に押し当て、そこに紙をはさみ、笑って落ちないようにする
42 列を作り、先頭の者のする通りに真似をしながら歩く
43 水面に石を投げて、何回弾むかを競う
44 片足ケンケンで決めた場所を何往復できるかを競う
45 輪を作り、鼻と耳にかけ、それを外す、その表情を笑った者が次にやる
46 二人が向かい合って手をつなぎ、中に一人が入り、手を上げればすぐに外に出る
47 細い紙をつばなどで濡らし、おでこにつけ下に垂らし、それを吹いて落とす
48 早口言葉を競い合う
49 松葉を引っかけて引き合い、切れた方が負けとなる
50 手拭いを子指で挟んで引き合う

(『日本児童遊戯集』)

鬼ごっこの歴史と文化を知ろう

体育・スポーツと聞くとちょっと苦手と言う人も、鬼ごっこと聞くと「ケイドロ」や「色鬼」「高鬼」と叫びながら嬉しそうに話すことができます。これらの鬼ごっこは世界中で楽しまれ、その歴史は古く、多くのスポーツの元になっています。

サルも鬼ごっこ？

　子どもたちが集まればいつの間にか追いかけっこが始まり、じゃれ合いのような取っ組み合いをしたりします。兄弟や家族であれば、家の中という狭い場所でも同じようなことが起こり、お母さんやお父さんの陰に隠れて追いかける者と逃げる者の駆け引きが始まります。時に熱が入り過ぎるといつの間にか兄弟げんかが起こり、周りからたしなめられたりします。こうした規則のない遊びは人間を含む霊長類だけでなく野生のネコ科の動物にもよく見られます。原始的・本能的なもので、遊びとは言えないものです。

　サルの世界、とりわけ動物園のサル山では「枝引きずり遊び」があります。ある程度成長し、ゆとりのあるサルの集団の中で見られる行動で、野生のサルには見られないと言われています。枝を持って歩いたり走ったりしている1匹のサルを複数のサルが追いかけます。そのうちに、追いかけていた別のサルが枝を取って逃げると、それをまた他のサルが追いかけるといったことが繰り返されます。しかし、枝を持ったサルが一目散に逃げてどこに行ったかわからなくなってしまうことはありません。追うものが追いつかないようになることはなく、ほどよいスピードで、時々近づいたりしながら逃げ手と追い手の駆け引きをするそうです。

宮中行事や祭りと深い関係があるんだよ

「練り歩く」「連なるもの」は年中行事によく見られ、代表的なものに祭りがあります。神輿や山車が登場して地域の連帯感を確かめ、深めようとしました。こうしたものを子どもたちは真似し、知恵を出し合い、変化させて遊びとして楽しんできました。

たとえば「めぐり（堂々めぐり）」「おんごく」「芋虫ころころ」「いわしこいいわしこい」「まわりの小仏」「かごめかごめ」などの遊びは女の子の遊びとして室内でも楽しまれてきましたし、鬼ごっことして伝承されてきました。

さて、平安時代に中国から伝えられ、宮中行事として大みそかに行なわれていた「鬼やらい」あるいは「追儺」は鬼ごっこの元と言われています。

舎人が鬼に扮し、舎人の長である大舎人は方相氏と言われる鬼を払う役割を担いました。20人の侲子が従い、大内裏の中を掛け声をかけつつ回りました。方相氏は玄衣朱裳の袍を着て四つの金色の目のお面をかぶり、右手に矛、左手に盾を持ち、矛で盾を三度叩いて鬼を払うものでした。まわりでは弓を放ち、でんでんダイコを打ち鳴らして応援し、厄を払ったと言います。

追儺の鬼（船井廣則「鬼ごっこを考える」）

おんごく　　　　　（『守貞謾稿』）

方相氏と侲子（船井廣則「鬼ごっこを考える」）

「目隠し」や「かくれんぼ」は、唐の時代、中国の玄宗皇帝と絶世の美女と言われた楊貴妃が宮殿で家来たちと一緒に楽しんだと記録されています。あるいは、鎌倉時代の公家の藤原定家の日記『明月記』には「三歳の内親王、諸官の捕の遊を興ぜさせ給う」とあり、この「捕の遊」は捕まえる遊びとして鬼ごっこを指しています。

　今ではよく知られているスポーツの中に、古くから宮中の行事として行なわれていた「打毬」があります。また、子どもたちが遊びとして楽しんでいた「ぶりぶり毬杖」は、平安時代に始まり、江戸時代まで行なわれました。打毬はイギリスなどで人気のスポーツ「ポロ」に似ていて、馬に乗り、杖のようなもので玉を打ちながら相手陣地の的の中に入れれば勝ちとなります。奈良・平安時代には端午の節句に行なわれる宮中行事でした。

　ぶりぶり毬杖も、杖で木の玉を相手陣地に打ちこむことで勝負を決める遊びです。使っていた道具が端午の節句の飾り物として残りました。

打毬（宮内庁ホームページ http://www.kunaicho.go.jp/culture/bajutsu/dakyu.html）

左手で毬杖を持っていたことから、左ききのことを毬杖と言ったらしいよ

ぶりぶり毬杖
（『守貞謾稿』）

大人も鬼ごっこをしてたんだね

　子どもの遊びは、大人がしたことを真似ることから始まるものが多い、と言われています。鬼ごっこも大人が宴の席で似たような遊びをしたことが記録されています。

　江戸時代の後期には鬼ごっこというよりむしろ走りくらべとして、部屋の中にある畳や衝立を利用して遊んでいました。

　「二畳走り」は畳二畳の縁の上を一人が逃げ、もう一人が追いかけるものです。お互いに相手の動きを見ながら移動し、後戻りができないルールで出くわせば追い手の勝ちとなります。途中、縁から縁への飛び移りは許されているようですが、足どりがフラフラして時々転ぶこともあって、笑いを誘うような場面もあったことでしょう。

　「衝立廻り」は部屋の中に置いてある衝立を利用した遊びです。衝立の周りで追いかけっこをし、追いつけば勝ちとなるものです。衝立を要領よく動かすことで捉まえやすくするなどのルールを作って楽しんでいました。

　大人の遊びとして勝ち負けを競ったものですが、逃げ手と追い手がいて、捉まえることを目的とするところなど鬼ごっことの共通点もあり、子どもがこうした遊びを真似したことは想像のつくところです。

二畳走り　　　（〈絵本大人遊〉より『遊びの大事典』）

衝立廻り　　　（〈絵本大人遊〉より『遊びの大事典』）

鬼ごっこの呼び名はいろいろ

鬼が一人で追いかけて捉えるという一人鬼が一般的で、古くは「鬼事」と呼ばれていました。この鬼事は日本各地で広く遊ばれていて、地域によっていろいろな名称がつけられていました。

江戸時代に書かれた『物類称呼』には次のように紹介されています。

```
京都…………………つかまえぼ
江戸…………………鬼渡し
東国、出雲、長崎……鬼ごと
奥州の仙台…………鬼鬼
津軽…………………おくりごと
常陸…………………鬼さら
```

ここでの「鬼事」が最も古い呼び名であることは確かです。鬼事の「事」というのは祭事に関係していたことを表しています。神社仏閣で鬼追い行事に子どもを参加させていたことが、鬼ごっこへ変化していったのではないでしょうか。神社やお寺の境内に集まった子どもたちが鬼ごっこを楽しむ風景が思い浮かびます。

江戸時代の後期になると、江戸では遊びの特徴である「鬼が捉まれば鬼が変わっていく」「鬼を次に渡す」ことから「鬼渡し」と呼ばれるようになりましたが、「鬼ごこ」とも言われ「鬼事」がなまったものであると言われていました。つまり、「鬼ごと」「鬼ごこ」「鬼ごっこ」という形でなまり、変化していったと想像できます。

「鬼ごっこ」の名が最初に登場したのは銭湯だった

鬼ごっこという名が初めて登場するのは実は江戸の銭湯だったのです。

江戸時代の滑稽本である『浮世風呂』は式亭三馬が江戸の下町の銭湯を通して当時の生活を生き生きと描いたものです。

「……いかっぱちの銭をまいて、はばをするか、しらねえがこれ番頭、こいつらア、うっちゃといたら湯の中へ糞をたれて、鬼渡しや捉迷蔵もしかねめえ……」

ここに出てくる捉迷蔵は目隠し鬼のことですから、ここの鬼渡しはまさしく子どもたちが遊んでいる鬼ごっこのことです。さらに、そこにはふりがなで「おにごっこ」と記されています。どうやら「おにごっこ」という呼び名は、浴場でまわりの人に迷惑をかけていた「おちゃっぴい」に対して真っ赤になって怒っている年配の女性から発せられたものということになります。

鬼が登場するのは日本だけ

鬼ごっこの基本的な形は追いかける「追い手」と追いかけられる「逃げ手」が登場し、それぞれが役割を演じるように遊ぶものです。そう考えると世界中に同じような鬼ごっこが存在していても不思議ではありません。しかし、遊びの中に登場するものが違ってきます。

鬼ごっこには「鬼」が当然のように出てくると思いがちですが、実は鬼ごっこに鬼が出てくるのは日本だけで、世界中を見渡しても鬼は登場しません。むしろ、鬼ごっこという言葉とは全く違う意味でこの遊びが広く楽しまれています。

中国の明の時代には鬼の漢字を使った「替鬼」という遊びがあったようですが、中国では鬼は「邪鬼」として恐れられており、現在に至るまでほとんど遊びに鬼は登場していません。むしろ、他の国と同じように鷹や狼が鬼の代わりにその役割を担っていました。

南アフリカ	イヌ
ドイツ	ウシ
イギリス、中国他	オオカミ
アイルランド、スイス他	キツネ
アメリカ、ロシア	クマ
アルゼンチン、オーストリア	警官
スイス、ハンガリー	タカ
タイ	トラ
ブルガリア、ウズベキスタン	ワシ

（加古里子『鬼遊び考』）

英語圏では一般的に鬼ごっこを「Tag」と呼び、鬼ごっこをする人を「Tagger」と言い、付きまとう、後ろについていく、タッチするなどの意味です。ドイツでは「Hashen-Spielen」で素早く捉まえるという意味になります。目隠し鬼はイギリスで「Blindman's buff」、ドイツでは「Blinde-kuh」で目の不自由な牛の意味になります。かくれんぼは「Hide and seek」、イタリアでは「ナスコンディノ」と呼び、隠れると探すといった遊びそのものを表現しています。変わったところではブラジルのホウババンディラは氷鬼ような鬼ごっこで、スポーツとしてアジアで人気のカバディーに似たティーはタイのものです。

鬼の豆知識

鬼ごっこの主役である「鬼」は日本独特のもので、日本人にはなじみ深いものです。

秋田県男鹿で長く続いている伝統行事に「なまはげ」があり、鹿児島県甑島にも「トシドン」と呼ばれる同じようなものがあります。

岩手県の名前のいわれでもある盛岡の三ツ石神社の「鬼の手形」、北上の「鬼剣舞」、愛知県豊橋市では鬼の祭りもあります。北海道の登別には鬼の金棒が飾ってあります。壱岐の島の鬼凧、あるいは鬼神社、鬼沢、鬼が島、日本で唯一の鬼の字のある町・愛媛県の「鬼北町」など日本全国に鬼にまつわるものはたくさんあります。

『古事記』とならぶ古書である『日本書紀』には神や天皇に従わない民を土蜘蛛や鬼と称していたとあり、『出雲風土記』には田を耕していた男を食べてしまうという恐ろしい一つ目の「目一鬼」が登場します。

鬼の姿形にも目を向けてみましょう。

もともと鬼は姿を現すものではなかったと言われていて、「隠」（かくれる）のオンが訛って「オニ」と呼ばれるようになったという説があります。

特徴は1本とも2本とも言われる頭に生えた角と大きな口から外に飛び出している大きな牙で、いかにも恐ろしい顔を作り上げています。しかし、この角と牙の二つが揃っている生き物はこの世には

日本の鬼（『遊びの大事典』）

鬼剣舞（岩手県北上）

鬼祭（愛知県豊橋）

「角と牙があるのはわしだけじゃ」

いないものとされています。確かに、ライオンやトラの肉食獣には鋭く大きな牙はありますが、角は見当たりません。サイやシカには立派な角がありますが、草食動物で鋭い牙はありません。恐竜時代に遡っても、この二つが揃った生き物は見当たりません。

もう一つ、漫画などにはトラのパンツをはいた鬼が登場します。鬼とトラには「鬼門」が関係しています。この鬼門は方位のことを指していて、いわゆる、鬼が出入りする場所です。一般的に歓迎されるものではなく、何事にも忌むべきとされています。北東の方角で丑寅の方位、すなわち丑と寅の間になります。

角は丑を意味し、パンツは寅の模様になっていて、鬼門と鬼の関係が表されています。

この鬼門は誰もが知っている童話の「桃太郎」にも関係しています。

山海経という中国古代の地理書には、「東海に度朔山があり、その頂に大きな桃の木があり、三千里に渡って渦を巻くように枝が伸びている」とあります。その北東の方向に鬼門があり、鬼の出入口になっていて、そこにはシントとウツリツの二神が鬼の出入りを見張っています。害を与える鬼はトラに食わせてしまうと言われています。鬼門以外は大きな桃の木によって守られていて鬼は出ることができません。この桃は「退魔」と言われて、鬼の行動を妨げる大きな力を持っています。さて、桃と聞いて鬼退治に行く桃太郎を思い出しませんか。

全国に広がる日本の鬼は様々です。古代日本の鬼は人に危害を加える恐ろしい存在でしたが、時代とともに子どもたちをこらしめる「なまはげ」などのような来訪神と呼ばれる良い鬼も登場し、時に神、あるいは神に近い存在として考えられるようになります。

鬼ごっこの「鬼」はそんな鬼だったのです。

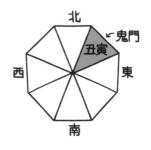

子とろ伝説

「子とろ子とろ」という鬼ごっこがあります。この子とろ子とろが伝説と言われる理由は、その起源の古さと千年以上の長きに渡って子どもたちが楽しみ、多くの人々の力で伝承されてきたことにあります。

鬼が子を捉まえにいく一般的な鬼ごっこの関係とは違い、「親」が加わった「鬼」「親」「子」の三つの役割がある鬼ごっこです。何人かの子が列をなして縦にならび、それぞれが前の帯を持ち、先頭になった者が親の役割を担います。鬼は列の最後尾の子を捉まえにいきますが、それを親は手を広げるなどをして守ります。親は子の守り手として鬼の力を制圧できる能力を与えられています。親は鬼に勝ち、鬼は子に勝ち、子は親に勝つという三すくみの遊びになっています。

子とろ子とろは江戸時代に子どもたちの遊びとして楽しまれていましたが、その起源は平安時代までさかのぼります。室町時代の説話集『三国伝記』には、天台宗の僧侶である恵心僧都源信（942 － 1017）が、地蔵信仰を布教する方法の中で、地獄から逃げた罪人を鬼が追いかけ捉まえようとするのを地蔵菩薩が守るという教えを説いていたとあります。それを子どもたちが遊びとして取り入れていったのではないかと言われています。

当時は「ヒフクメ」と呼ばれていました。「取るべし取るべし比丘比丘尼優婆塞優婆夷」という問答があったのですが、この問答を聞いた子どもたちは意味するところを知らず、早く言おうとして「取てう取てう、ヒフクメ」と言ったことから比比丘女と呼ばれるようになりました。あるいは、平安時代に書かれた庭園

ヒフクメ
（〈骨董集〉より『遊びの大事典』）

子とろ子とろ（『守貞謾稿』）

書『作庭記』には、石の説明の中で、庭石を七、八置く時には、「たとえばヒフクメをする子どもたちのように」と記されています。

また一方で、自然に生まれてきたという説を唱える人たちもいます。

たとえば、兄弟で追いかけっこが始まります。逃げていた子どもは次第に疲れてきて捉まりそうになり、近くの木や障害物に隠れたりします。そのうちに、親がいれば親の影に隠れて服につかまり、クルクル回るように追いかけっこが始まります。そして子どもたちはつながることが好きなので、いつの間にか遊びとして完成させていったとも考えられます。

ヨーロッパ……狐とガチョウ
中国…………鷹と鶏と小鳥
インド………糸売り
イラン………狼と仔羊
ジャマイカ……蛇と鶏
アメリカ………コヨーテと羊
（寒川恒夫『遊びの歴史民族学』）

いろいろな呼び方があるんだね

子とろ子とろには鬼と親の問答が付きものでした。

鬼「子とろ子とろだれとろか」
親「どの子を見つけ」
鬼「ちょっとみりゃあとの子」
親「さあ　とってみいさいな　さあとってみいさいな」

明治以降はわらべ歌とのコラボがみられました。

（尾原昭夫『にほんのわらべうた　戸外遊戯歌編』）

風流　十二月　四月
（石川豊雅　公文教育研究会所蔵）

子とろ子とろの分布図

子とろ子とろは世界中で楽しまれている鬼ごっこです。

特にアジア地域ではほとんどの国で見られますが、ヨーロッパでは少なくなっています。確かな理由はわかりませんが、狩猟を中心とした地域より、稲作を中心にした地域の方が多く子とろ子とろを遊んでいたことが分布図からわかります。

たとえば、タイのシャム族では「蛇がしっぽを食う」と呼んでいて、父蛇が子蛇を捉まえに行き、それを母蛇が守るというものです。それ以外に似たものでは、列と列が向かい合ってから、それぞれの先頭の者が相手の最後尾の者を捉まえにいくというものがあります。農耕儀礼の意味を持っていて、田植えの時期に大人も交えて楽しまれていました。

丸で囲んだあたりに多かったんだよ

子とろ子とろ世界分布地図（寒川恒夫『遊びの歴史民族学』より作成）

鬼ごっこの約束事

鬼ごっこを楽しむにはいろいろな決まり事を上手に使っていくことが必要です。
仲間が集まり、鬼を決め、鬼ごっこの約束事を守ることには、
みんなで楽しむ知恵がたくさん詰まっています。

鬼集め（仲間集め）

　鬼ごっこは一人でするものではないので、仲間が必要です。そこで必要になるのが遊びの音頭をとるリーダー的存在です。かつては「ガキ大将」と呼ばれる年長者がいて、近くで何となく遊んでいる仲間に大声で叫んでいました。
　「鬼ごっこやる者この指とまれ」
　「鬼ごっこする者よっといで」
　「鬼ごっこする者この指とまれ　早くしないと電気の球が消える」

鬼定め（鬼決め）

　鬼ごっこには役割が必要です。まずは「鬼」を決めなければなりません。主な決め方を紹介しましょう。

【この指とまれ】子どもたちの知恵の結晶と言える方法で、指にとまった順番で役割を決めるという自然なものです。最後にとまった者が鬼になります。

【じゃんけん】年齢や体力に影響されない最も便利な決め方。

【唱え歌】古くから使われている方法で、歌の終わりのところで当たった者から抜けていき、最後に残った者が鬼になります。

【枝投げ】枝を投げ上げ、落ちたときの枝の向きで決めます。

【石投げ】的との距離を競う方法です。
　枝や石など道具を使う決め方は、それ自体が遊びの要素を含んでいるので、やる気が高まりドラマティックに展開します。他にくじ引きで決める方法もあります。

組み分け

陣取り鬼ごっこのようなチーム戦はグループに分ける必要があります。グー・チョキ・パーで分ける方法がよく使われます。年齢や生まれ月、食事や色などの好みで分けると仲間意識が強くなり雰囲気を盛り上げます。キャンプなどでは拾ってきた物で分ける方法もあります。

鬼始め

遊びの始め方は、その鬼ごっこの特徴を考えたものが適当とされています。隠れんぼ・草履隠し・石隠しなどの隠れ遊びでは、隠れたり隠す場所を鬼にわからないようにするため、鬼は壁や柱を向いたり手や腕で目を隠したりします。

時間の猶予も必要なので、そこに問答などが加わります。「もういいかい、まあだだよ」「もういいかい、もういいよ」が有名です。

ヨーロッパにはこんなやり方もあります。鬼は服や靴下、帽子などをいったん脱ぎ、もう一度着る間に子は逃げ、すべて着終わってから追いかけたり探したりします。

鬼渡し

鬼ごっこを古くは鬼渡しと呼んでいたように、遊びの特徴を表す重要な要素です。

一般的には捉まえる（タッチする）ことで次の鬼に鬼の役割を渡します。しかし方法は様々で、それが鬼ごっこのバリエーションを豊かにしています。捉まえる、見つける、場所をとる、エリアから出る、ジャンケンに負ける、競い合う、道具の扱いを失敗する、影を踏む、などがあります。

安全地帯

　安全地帯をヨーロッパでは「アジール」と言い、逃げこめば捉まらない場所を意味します。ここは罪人でも捉まらない「聖域」でした。それを子どもたちが遊びの中に取り入れたのです。

　日本にも「休みどころ」「家」「陣」「宿」「休み茶屋」「逃げ処」「島」など様々な呼び名の安全地帯があります。自然物や人工物から、大小様々な形を子どもたちの知恵で作り、鬼ごっこをダイナミックに長く楽しむ工夫をしてきたのです。

鬼言葉

　鬼ごっこを盛り上げるために、遊びの中で臨機応変に使われるものです。時には鬼を励まし、時にはいさめ、囃し立てることでルールやマナー、楽しみ方をみんなで共有したのです。動きと一体化した言葉が多く見られます。

【いましめの言葉】
（鬼の役割に不満を持ったとき）
「当たったからとて　怒るなよ　怒るならはじめから　よらんがよい」
「誰になっても　怒りっこなしよ　そんでおこるは　ばかたれくさたれ」

【数え言葉】
　逃げ隠れする時間が必要なときに、時計や数字の代わりに、簡単で言い回しのしやすい言葉を考えて使いました。一般的には10文字を単位にして繰り返し、20・30とふやしていくもので、地域によって様々です。

「だるまさんが　ころんだ」
「ぼんさんが　へをこいた」
「じいさんが　こしぬかす」
「ちゅうちゅう　たこかいな」
「あけまして　おめでとう」

【鬼からかい、鬼はげまし】
　逃げながら、鬼をからかう余裕があるときに子が言った言葉です。一人ばかりを追いかける鬼を嫌い、茶化したものです。
　豊橋市の鬼祭りでは「からかい」が今でも残っています。
「鬼の居ぬ間に洗濯じゃぶじゃぶ」
「誰かさんが鬼ならこわくはないよ」
「一人ねらいは　三度鬼」
「あっちばっか　三度鬼　こっちちっとも　目くれぬ」
　鬼がなかなか捉えることができず苦労しているときには、励ましの言葉を投げかけてあげることもあります。
「いも汁　がぼがぼ　喰うが良い」

鬼道具
　道具を扱う鬼ごっこは少ないのですが、石やくず、自分の持ち物などを使った隠れ遊びがあります。明治時代に野球が紹介されボールが手軽に手に入るようになると、ボールを投げたり物を手渡しするような鬼ごっこが始まりました。

鬼舞台
　鬼ごっこをする場所のことです。家々が建ち並ぶ場所や公園など、広さや環境に合わせて様々な鬼ごっこができます。

江戸時代の鬼ごっこ

江戸時代になると、戦乱の世が終わり、平和な時代になったことを表すように元禄時代・文化文政時代といった豊かな文化が見られました。子どもたちも遊びを考え、夢中になって楽しんでいたのです。

鬼渡し（鬼ごっこ、つかまえぼ）

「鬼が子を捉まえると、捉まえられた子が次の鬼になる」という鬼ごっこの基本の形を、そのまま遊びの名前として使っています。一般的な一人鬼のことを指し、地域やその方法の違いでいろいろな名前があります。江戸時代には「鬼どの留守に洗濯」という独特の名前のものがありました。（喜多村信節『嬉遊笑覧』）

白地蔵（かくれんぼ、隠れ遊び）

平安時代中期の『宇津保物語』に「かくれあそび」が歌われていて、書物に登場するものとしては最も古い鬼ごっこと言えます。

白地蔵とも呼ばれ、「白地」は隠れる、「蔵」は見つけることで明らかにするという意味がありました。「目隠し」も古くは隠れ遊びと同じように扱われていました。中国では、唐時代の玄宗皇帝と楊貴妃が明るい月の下で目隠しをしてお互いを捉まえ合ったとも記されていて、中国宮中の遊びとして日本の宮中に早くから移入され、その後大人の遊びとしても楽しまれました。

（『吾妻余波』）

比比丘女（子とろ子とろ）

「子とろ伝説」という言葉があるほど古くから伝えられていて、その起源には様々な言い伝えがあります。平安時代から現代まで1300年も伝承されている鬼ごっこで、一般的な鬼ごっこと比べ独特なものです。7、8人が連なり、先頭は親の役割を担います。鬼は連なる子どもたちの最後尾の子だけを捉えにいきます。先頭の親は両手を広げ、後ろに連なるみんなと協力して鬼の行動を妨げます。

（『日本児童遊戯集』）

向かいのおばさん

何軒かの家が道を挟んで建つ場所で行なわれる遊びです。道に鬼が陣取り、道を挟んだ家の軒下に子が二組に分かれて立ちます。この軒下がいわゆる安全地帯です。二組に分かれた子が軒先を行ったり来たりする間に鬼は捉まえにいきます。

「むこうのおばさんちょっとおいで」
「おにがこわくてゆかれません」
「そんならむかいにまいりましょう」
（喜田川守貞『守貞謾稿』）

橋下の菖蒲（草履かくし、芥かくし）

隠れたり隠したりしたものを見つける鬼ごっこもあります。歌などで鬼を決めるところから遊びが始まりました。

「はしのしたのしょうぶはさいたかさかぬかまださきそろはぬ」の歌が終わったところにいた者から抜け、最後に残った者が鬼となり、隠された草履や下駄を見つけにいく遊びでした。片方の履物というところがおもしろく、そこに子どもの知恵があります。明治時代になっても女の子の遊びとして続けられ、「芥かくし」としていろいろな物をゴミとして隠して楽しんでいました。
（喜多村信節『瓦礫雑考』）

（『吾妻余波』）

中の小坊さん（まわりのまわりの小仏さん、うしろのしょうめんだあれ）

鬼が立ち、その周りを子が手をつないで輪になり、歌を歌いながら回ります。1周して座ると、中の鬼は輪の一人を指定し、そこから「線香抹香花まっこう樒の花でおさまった」と順に数えていき、最後の語に当たった者が次の鬼になります。また、周りを回るときに立ったり座ったりする動作を繰り返していく輪遊び・動作遊びとして楽しんでいたものもあります。

（『日本児童遊戯集』）

影踏み鬼は月のあかりの影で遊んだんだよ

影や道禄人（蔭や唐禄人、影踏み鬼）

現代でもよく知られている影踏み鬼と同じものですが、環境に違いがあります。

遊びに出かけたり、どこかの家に行って帰りが遅くなると、あたりは暗くなり心細いものです。その気持ちを取り除くためにみんなで行なった鬼ごっこです。太陽ではなく月の光でできる影を使った遊びです。自分の影を踏まれないように上手に逃げながら、相手の影を踏みます。一対一の競い合いだけではなく、怖さを紛らわすために、大きな声で歌いながらみんなで遊びました。「かげやどうろくじん　十三夜のぼたもち　さあ踏んでみいしゃいな」

（『吾妻余波』）

明治時代以降の鬼ごっこ

明治時代になると、「体育遊戯」として海外から多くの遊びが輸入されました。なかでも新しい鬼ごっこはいち早く学校に取り入れられ、体力づくりだけでなく、仲間意識や競争意識を高めるために使われました。

 ## 銭山金山

東京で使われていた呼び名でかくれんぼのことです。全国的に古くから人気のあった鬼ごっこで、「かくれおに」「めっけ」「隠れみの」など各地に様々な呼び名があります。

鬼定めは唱え歌によるものが多かったようで、次のような歌があります。

「かくれんぼに、かくれがさ、うちでのこづちに、ちょんがらもち、ちょい」

「かくれんぼに、十れんぼ、かくすけ やっこに どっこいしょ」

(『吾妻余波』)

 ## 荒海布なんぼ

鬼が目をとじて立ち、その周りを他の子が輪になって囲みます。誰かの音頭で歌を歌いながら輪を崩さないようにゆっくり歩きます。中央の鬼の「止まれ」の合図で歩きを止めます。鬼は輪の中の誰かを捉まえて、二人で問答をします。その時、捉まった子は鬼にわからないように声や話し方を変えます。
(問答)
鬼「あらめなんぼ」
子「三文だ」
鬼「二文にまけれ」
子「あがしたらまげろ」

問答が終わったら、鬼は捉まえた子の名前を言い、当たっていれば鬼を交代します。ふだんから一緒に遊んでいると声や話し方がわかるので、どのように演じることができるかをみんなで楽しみます。

荒海布とは伊勢地方でとれる昆布のような海藻です

狼及牧羊者

子とろ子とろのことで、「子取り鬼」「おぐまどろどろ」「がんがん」など呼び名は多くあります。親が子を守ることが基本ですが、親が守りきれなくなると「親離れ」と叫ぶのを合図に列を崩してみんな逃げ、鬼が追いかける一人鬼として展開するものもあります。

捉第三人

場所取り鬼ごっこの一種です。前後に重なるように二重の輪を作り、その外に追い手の鬼と逃げ手が一人、適当な位置に立ちます。輪に沿って鬼は逃げ手を追いかけ、逃げ手は適当なタイミングでどこかの子の後ろにつきます。同じ位置の前の列の者が外に出て逃げ、それを鬼が追いかけ、元の位置に戻る前にタッチされれば交代し、できなければそのまま続けます。

(『学校児童戸外遊戯法』)

栗鼠ヲ駆ル

ハンカチ落としのことです。輪になって座り、鬼役の栗鼠を決めます。栗鼠は輪の周りを回りながら、分からないように輪の一人の後ろにハンカチを置きます。栗鼠が1周回ってきて、ハンカチを置いた者にタッチできれば栗鼠を交代します。

四隅換リノ猫児

部屋の隅を上手に安全地帯として使った、狭い場所で楽しむ鬼ごっこです。鬼役は猫で猫児と呼び、猫児は部屋の中央に位置し、他の者は部屋の四隅に一人ずつ立ちます。「猫児猫児猫児……」と言いながらタイミングよく互いの場所を交代します。猫児は、子が場所を交代するときに素早いタイミングで空いた隅に入れれば、隅を奪われた者と交代します。

(〈童女筌〉より『遊びの大事典』)

手触れ鬼

鬼一人を決め、その他は子になり好きな場所を見つけます。この鬼ごっこでは、安全地帯を木や家屋などいろいろな場所に設定して、そこに触れていれば鬼に捉まりません。一人鬼の単純な鬼ごっこですが、場所選びが重要で、選び方しだいで簡単な鬼ごっこがぜんおもしろくなります。

「追掛け鬼」「横切り鬼」は、鬼と子の間の空間を横切れば、横切った者は鬼に捉まらなくなる、という特別ルールを作ったものです。

（〈小学遊戯法〉より『遊びの大事典』）

溜鬼

増やし鬼とも言われます。鬼一人を決め、その他は子になり逃げます。鬼は子を追いかけ捉まえますが、一般的な一人鬼ではそこで鬼が代わる鬼渡しをしますが、代わらずに、捉まった子は子鬼になり、逃げる子を協力して捉まえます。全員捉まれば終了します。

おでん屋

売り手と買い手、その他はおでんになる三つの役割のある鬼ごっこです。売り手はおでんの前に立ち、買い手はその前に立ち、この二人の問答が鬼始めになります。問答が終わるとそれを合図におでんはいっせいに逃げます。鬼になるのは問答をする売り手と買い手の二人で、逃げたおでんを追いかけます。

（問答）

「おでんをおくんなさい」

「おいもがようござんすか、こんにゃくがようござんすか」

「みそをつけましょうか」

「みそつけておくんなさい」

（売り手はみそをつけるまねをする）

「みそがたりないのでちょっとかってまいります」

売り手が場所を離れたタイミングが鬼始めです。

石隠し

かくれんぼや草履隠しなど、隠れる・隠す遊びは古くから鬼ごっことして楽しまれてきました。子どもたちはそれぞれ適当な石を持ち寄り、自分のものとわかるように名前や目印を付けます。石を隠す範囲をみんなで決めたら、一人が鬼役になり全員の石を預かります。そしてみんなを遠ざけ、適当な場所に隠します。鬼の合図でみんなは自分の石を探しにいき、最初に自分の石を見つけた者が次の鬼になって同じように続けます。鬼の役割が石を隠すという独特なもので、「芥かくし」のように石以外を隠す遊びもあります。

釜鬼

地面に釜やひょうたんの絵を描き、その中で履物（靴や草履）を取り合う鬼ごっこです。鬼は線の外には出られないという制限があり、履物を取りにいく方は片足ケンケンなので自由に動けずだんだん疲れてくる、という二つの要素で展開します。最初は釜やひょうたんを描いていましたが、次第に単純な図柄になり円のみを描くようになりました。鬼一人が絵の中心に立ち、その他は子になって絵の外に立ちます。その際、子は履物の片方を円の中心付近に置きます。「鬼の釜にちょいと足いれて」と言いながら、履物を履いた方の足でケンケンして自分の履物を取りにいきます。鬼はそれを捉まえます。

（『吾妻余波』）

（『学校児童戸外遊戯法』）

ちょんがくれ

かくれんぼの一つですが、簡単に楽しむために隠れる範囲や人数などをコンパクトにしています。鬼と子の「もういいかい」「まあだだよ」などの問答をして鬼は探しにいきます。次の鬼になる子の隠れ場所をそれとなく設定しておくなど、全体的にゆるくして、どちらかというとみんなで「演じる」ことを楽しむ鬼ごっこです。

(『吾妻余波』)

通り鬼

影や道禄人と同じように、遊んで帰りが遅くなり、あたりが暗くなってきた頃に、月の明かりや所々にある街灯の明かりを利用して遊んでいました。鬼ごっこを懸命にするのではなく、夜道をみんなで楽しく帰るための遊びです。鬼は前を歩きます。後ろの者は頭から菰や布をかぶって、前にいる鬼の横を通り過ぎます。鬼は顔は見えないが姿で名前を当てるというものです。

穴埋め鬼

当時は「場所取り鬼ごっこ」「鬼遊」など様々な名前で遊ばれていました。体育的なかけっこで、競争の要素を含んだものです。みんなで作る輪の大きさによって、運動としての負荷が違ってくるのが大きな特徴です。小さければ小回りのための工夫と技術が必要ですし、大きければ体力が必要になります。鬼が輪の外を回り、一人の背中にタッチします。タッチされた者は鬼と反対の方向に走ります。鬼が先にスタートするので、鬼の交代はしやすくなります。

(『学校児童戸外遊戯法』)

円陣鬼遊び

　人数はなるべく多い方がおもしろい。内側を向き、手をつないで輪になります。三か所くらい、手を離して通路にします。鬼一人と子を三人選びます。輪になっている者たちは、号令か歌を歌いながら左右どちらかに動きます。鬼は子を追いかけますが、外と内との移動は三か所の通路を使い、つながれた手の下をくぐることはできません。子は輪の一人にタッチし、自分の合言葉（前もって決めておく）を言えば、子を代わることができます。鬼が子を捉えたときに円の動きは止まります。

 ## 投球鬼

　道具を使う鬼ごっこは珍しいですが、西洋からボールゲームが導入され、ボールを使う遊びもしていました。ボールを扱う技術が必要で、それが鬼ごっこのおもしろさを増すことになります。鬼一人を決め、その周りを輪になって囲みます。間隔は、簡単にキャッチボールできないくらい開けます。歌や掛け声に合わせてボールを投げ、投げられた者は捕ります。うまく捕れず落ちたボールを拾いに行く間に、その場所に鬼が素早く入れば鬼を交代します。

(〈新編遊戯教授書〉より『遊びの大事典』)

 ## 児捕り鬼ごっこ

　子とろ子とろの要素を取り入れた鬼ごっこです。約2ｍ四方の正方形を書き、それを「家」と名付けます。選ばれた鬼一人がその中に入ります。他の者たちから一人の親を決め、その他はみんな子になります。鬼は「用心よろしいか」と言ってから一人の子を捉まえにいき、親はそれを防ぎます。捉まった者はいったん家に連れていかれ、その後は子鬼となって鬼と一緒に子を捉まえにいきます。親だけが残ったら終了です。

猫と鼠

猫と鼠の役が鬼ごっこをします。そして、手をつないで輪になった者たちが鬼ごっこの場所を作り、協力してこの遊びを楽しくします。猫は輪の中に入り、鼠は外に位置します。つないだ手の下をくぐれば、外と内を行き来できます。鼠が捉まりそうになると、手の位置を下げて「とおせんぼ」するように猫の動きを邪魔します。逆に猫が苦労していると、捉まえやすいように手の上下を調整してあげます。

##

江戸時代に行なわれていた「向かいのおばさん」を体育用にアレンジしたものです。2チームに分かれ、そこから10mほど離れた場所に鬼の居場所としての「溜め処」を作ります。
「向こうのお客さんちょっとおいで」
「鬼が怖くて行かれません」
「鬼の来ぬうちにちょっとおいで」
の問答をして、片方のチームから相手チームに向かって走ります。溜め処にいる鬼はそれを捉まえにいき、捉まれば鬼になります。捉まりそうになったら元に戻ることができ、3回まで挑戦できます。

線道鬼遊

「出逢い鬼」の一種で、引いた線の上で鬼ごっこをします。図の大きさは場所に適したものにし、線の引き方によって難しさが変わるので工夫します。鬼と子がスタート位置につき、合図で同時にスタートします。子は鬼に出会わないように線の上を移動し、出発点に立ててある旗を取れれば子の勝ち。途中で出会えば鬼の勝ちとなります。

鬼遊

　かけっこ遊びのように、競争の要素がある鬼ごっこです。鬼の居場所、子の居場所、逃げ所の三か所が必要で、その位置をどうするかがおもしろさの決め手となります。まず鬼と子を決め、それぞれの居場所に位置します。合図で子は逃げ所に向かって走り、それを見て鬼は子を捉まえにいきます。逃げこめれば子の勝ち、鬼が途中で捉まえれば鬼の勝ちです。基本的にはかけくらべなので、逃げ回るような動きはしません。

手打ち鬼

　長い縄の端と端を結んで輪にします。その縄を子がみんなで持ち円形に並びます。鬼を一人か数人決め、輪の中に立ちます。子は歌を歌いながら回り、合図で止まります。鬼は誰でも好きな子の手を打ちにいきます。子は打たれそうになれば、上手に縄から手を離してかわします。ただし両手を同時に縄から離してはいけません。鬼は同じ手を打つことはできません。打たれれば鬼を交代します。

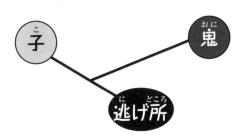

停り鬼

　7mほど離れた場所に直径1mの円をいくつか描き、それを「停場」とします。鬼一人を選び、その他は子になります。円の中に入る者三人を決め、それ以外は外にいます。合図で鬼は外にいる子を捉まえにいき、捉まえれば鬼を交代します。子は捉まりそうになれば円の中に逃げこめますが、円の中には三人しか入れないので、一人は外に出なければなりません。もし四人になれば、鬼は円の中の誰でも捉まえることができます。

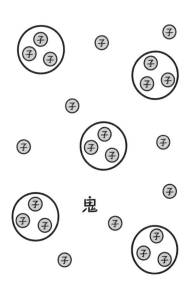

【著者紹介】一般社団法人 鬼ごっこ協会
遊びとスポーツの融合を目ざした方法論を展開しており、幼児からお年寄りまで愛されている鬼ごっこや、協会オリジナルで開発したスポーツ鬼ごっこの普及に努めている。

【執筆】

羽崎 泰男（はざき やすお）
（一社）鬼ごっこ協会代表理事。
日本体育大学卒業、ペンシルバニア州立大学大学院ＭＳ取得。1984年より国立総合児童センター「こどもの城」に勤務、体育事業部長、企画研修部長、事業本部長を歴任。城西国際大学福祉総合学部教授を経て、現在、同大学院講師。現在、城西国際大学福祉総合学部兼任講師。2015年より厚生労働省 社会保障審議会児童部会「遊びのプログラム等に関する専門委員会」委員。NHKプロモーション講演会講師。
著書『鬼ごっこ』（日本小児医事出版）『元気いっぱい！鬼ごっこ50』（ひかりのくに）など

羽崎 貴雄（はざき たかお）
（一社）鬼ごっこ協会理事（公認S級ライセンス指導員・審判員）。
国際スポーツ鬼ごっこ連盟理事長。
青山学院大学経済学部卒業後、（一社）鬼ごっこ協会を2010年に設立して理事に就任する。協会では事業統括を担当する。2014年に国際スポーツ鬼ごっこ連盟設立、理事長に就任し、スポーツ鬼ごっこの国際化に向けた活動に従事している。

平峯 佑志（ひらみね ゆうし）
（一社）鬼ごっこ協会（公認S級ライセンス指導員・審判員）。
国際スポーツ鬼ごっこ連盟事務局長。
日本大学法学部卒業。鬼ごっこ協会設立前の大学在学中に鬼ごっこの普及活動に参画する。事務方の責任者として、鬼ごっこの普及のための営業、広報、イベント企画を行う。2014年に国際スポーツ鬼ごっこ連盟の設立に際して事務局長に就任する。

【主な参考文献】
喜田川守貞『守貞謾稿』増田正章編『学校児童戸外遊戯法』（国立国会図書館デジタルコレクション）
『古今百風 吾妻余波』（岡本昆石編纂 早稲田大学図書館所蔵）
『日本児童遊戯集』（大田才次郎編・瀬田貞二解説 平凡社）
『遊びの大事典』（日本レクリエーション協会監修 東京書籍）
船井廣則「鬼ごっこを考える：遊びに現れる鬼（かみ）について」（『神戸市外国語大学研究年報』2015.3.1 神戸市外国語大学外国学研究所）

【図書館版】スクール鬼ごっこ めざせ！鬼ごっこ博士
　　　　2018年4月1日　第1刷発行

著　者●一般社団法人 鬼ごっこ協会ⓒ
発行人●新沼光太郎
発行所●株式会社いかだ社
　　　〒102-0072東京都千代田区飯田橋2-4-10加島ビル
　　　Tel.03-3234-5365　Fax.03-3234-5308
　　　E-mail　info@ikadasha.jp
　　　ホームページURL　http://www.ikadasha.jp/
　　　振替・00130-2-572993
印刷・製本　モリモト印刷株式会社

乱丁・落丁の場合はお取り換えいたします。
Printed in Japan
ISBN978-4-87051-492-8
本書の内容を権利者の承認なく、営利目的で転載・複写・複製することを禁じます。

イラスト●桜木恵美
DTP●渡辺美知子デザイン室